海上絲綢之路基本文獻叢書

宣和奉使高麗圖經（下）

〔宋〕徐兢 撰

文物出版社

圖書在版編目（CIP）數據

宣和奉使高麗圖經. 下 / （宋）徐兢撰. -- 北京 : 文物出版社, 2022.7
（海上絲綢之路基本文獻叢書）
ISBN 978-7-5010-7581-2

Ⅰ. ①宣… Ⅱ. ①徐… Ⅲ. ①中國歷史－筆記－宋代 Ⅳ. ①K244.066

中國版本圖書館 CIP 數據核字（2022）第 087854 號

海上絲綢之路基本文獻叢書
宣和奉使高麗圖經（下）

撰　　者：〔宋〕徐兢
策　　劃：盛世博閱（北京）文化有限責任公司

封面設計：鞏榮彪
責任編輯：劉永海
責任印製：張　麗

出版發行：文物出版社
社　　址：北京市東城區東直門内北小街 2 號樓
郵　　編：100007
網　　址：http://www.wenwu.com
經　　銷：新華書店
印　　刷：北京旺都印務有限公司
開　　本：787mm×1092mm　1/16
印　　張：11
版　　次：2022 年 7 月第 1 版
印　　次：2022 年 7 月第 1 次印刷
書　　號：ISBN 978-7-5010-7581-2
定　　價：90.00 圓

總緒

海上絲綢之路，一般意義上是指從秦漢至鴉片戰争前中國與世界進行政治、經濟、文化交流的海上通道，主要分爲經由黄海、東海的海路最終抵達日本列島及朝鮮半島的東海航綫和以徐聞、合浦、廣州、泉州爲起點通往東南亞及印度洋地區的南海航綫。

在中國古代文獻中，最早、最詳細記載『海上絲綢之路』航綫的是東漢班固的《漢書·地理志》，詳細記載了西漢黄門譯長率領應募者入海『齎黄金雜繒而往』之事，書中所出現的地理記載與東南亞地區相關，并與實際的地理狀况基本相符。

東漢後，中國進入魏晋南北朝長達三百多年的分裂割據時期，絲路上的交往也走向低谷。這一時期的絲路交往，以法顯的西行最爲著名。法顯作爲從陸路西行到印度，再由海路回國的第一人，根據親身經歷所寫的《佛國記》（又稱《法顯傳》）一書，詳細介紹了古代中亞和印度、巴基斯坦、斯里蘭卡等地的歷史及風土人情，是瞭解和研究海陸絲綢之路的珍貴歷史資料。

隨着隋唐的統一，中國經濟重心的南移，中國與西方交通以海路爲主，海上絲綢之路進入大發展時期。廣州成爲唐朝最大的海外貿易中心，朝廷設立市舶司，專門管理海外貿易。唐代著名的地理學家賈耽（七三〇～八〇五年）的《皇華四達記》記載了從廣州通往阿拉伯地區的海上交通『廣州通夷道』，詳述了從廣州港出發，經越南、馬來半島、蘇門答臘半島至印度、錫蘭，直至波斯灣沿岸各國的航綫及沿途地區的方位、名稱、島礁、山川、民俗等。譯經大師義净西行求法，將沿途見聞寫成著作《大唐西域求法高僧傳》，詳細記載了海上絲綢之路的發展變化，是我們瞭解絲綢之路不可多得的第一手資料。

宋代的造船技術和航海技術顯著提高，指南針廣泛應用於航海，中國商船的遠航能力大大提升。北宋徐兢的《宣和奉使高麗圖經》詳細記述了船舶製造、海洋地理和往來航綫，是研究宋代海外交通史、中朝友好關係史、中朝經濟文化交流史的重要文獻。南宋趙汝適《諸蕃志》記載，南海有五十三個國家和地區與南宋通商貿易，形成了通往日本、高麗、東南亞、印度、波斯、阿拉伯等地的『海上絲綢之路』。宋代爲了加强商貿往來，於北宋神宗元豐三年（一〇八〇年）頒佈了中國歷史上第一部海洋貿易管理條例《廣州市舶條法》，并稱爲宋代貿易管理的制度範本。

元朝在經濟上採用重商主義政策，鼓勵海外貿易，中國與歐洲的聯繫與交往非常頻繁，其中馬可·波羅、伊本·白圖泰等歐洲旅行家來到中國，留下了大量的旅行記，記録元代海上絲綢之路的盛況。元代的汪大淵兩次出海，撰寫出《島夷志略》一書，記録了二百多個國名和地名，其中不少首次見於中國著録，涉及的地理範圍東至菲律賓群島，西至非洲。這些都反映了元朝時中西經濟文化交流的豐富内容。

明、清政府先後多次實施海禁政策，海上絲綢之路的貿易逐漸衰落。但是從明永樂三年至明宣德八年的二十八年裏，鄭和率船隊七下西洋，先後到達的國家多達三十多個，在進行經貿交流的同時，也極大地促進了中外文化的交流，這些都詳見於《西洋蕃國志》《星槎勝覽》《瀛涯勝覽》等典籍中。

關於海上絲綢之路的文獻記述，除上述官員、學者、求法或傳教高僧以及旅行者的著作外，自《漢書》之後，歷代正史大都列有《地理志》《四夷傳》《西域傳》《外國傳》《蠻夷傳》《屬國傳》等篇章，加上唐宋以來衆多的典制類文獻、地方史志文獻，集中反映了歷代王朝對於周邊部族、政權以及西方世界的認識，都是關於海上絲綢之路的原始史料性文獻。

海上絲綢之路概念的形成，經歷了一個演變的過程。十九世紀七十年代德國地理學家費迪南・馮・李希霍芬（Ferdinad Von Richthofen，一八三三～一九〇五），在其《中國：親身旅行和研究成果》第三卷中首次把輸出中國絲綢的東西陸路稱爲『絲綢之路』。有『歐洲漢學泰斗』之稱的法國漢學家沙畹（Édouard Chavannes，一八六五～一九一八），在其一九〇三年著作的《西突厥史料》中提出『絲路有海陸兩道』，藴涵了海上絲綢之路最初提法。迄今發現最早正式提出『海上絲綢之路』一詞的是日本考古學家三杉隆敏，他在一九六七年出版《中國瓷器之旅：探索海上的絲綢之路》中首次使用『海上絲綢之路』一詞；一九七九年三杉隆敏又出版了《海上絲綢之路》一書，其立意和出發點局限在東西方之間的陶瓷貿易與交流史。

二十世紀八十年代以來，在海外交通史研究中，『海上絲綢之路』一詞逐漸成爲中外學術界廣泛接受的概念。根據姚楠等人研究，饒宗頤先生是華人中最早提出『海上絲綢之路』的人，他的《海道之絲路與昆侖舶》正式提出『海上絲路』的稱謂。選堂先生評價海上絲綢之路是外交、貿易和文化交流作用的通道。此後，大陸學者馮蔚然在一九七八年編寫的《航運史話》中，使用『海上絲綢之路』一詞，這是迄今學界查到的中國大陸最早使用『海上絲綢之路』的人，更多地限於航海活動領域的考察。一九八〇年北京大學陳炎教授提出『海上絲綢之路』研究，并於一九八一年發表《略論海上絲綢之路》一文。他對海上絲綢之路的理解超越以往，且帶有濃厚的愛國主義思想。陳炎教授之後，從事研究海上絲綢之路的學者越來越多，尤其沿海港口城市向聯合國申請海上絲綢之路非物質文化遺産活動，將海上絲綢之路研究推向新高潮。另外，國家把建設『絲綢之路經濟帶』和『二十一世紀海上絲綢之路』作爲對外發展方針，將這一學術課題提升爲國家願景的高度，使海上絲綢之路形成超越學術進入政經層面的熱潮。

與海上絲綢之路學的萬千氣象相對應，海上絲綢之路文獻的整理工作仍顯滯後，遠遠跟不上突飛猛進的研究進展。二〇一八年厦門大學、中山大學等單位聯合發起『海上絲綢之路文獻集成』專案，尚在醞釀當中。我們不揣淺陋，深入調查，廣泛搜集，將有關海上絲綢之路的原始史料文獻和研究文獻，分爲風俗物産、雜史筆記、海防海事、典章檔案等六個類别，彙編成《海上絲綢之路歷史文化叢書》，於二〇二〇年影印出版。此輯面市以來，深受各大圖書館及相關研究者好評。爲讓更多的讀者親近古籍文獻，我們遴選出前編中的菁華，彙編成《海上絲綢之路基本文獻叢書》，以單行本影印出版，以饗讀者，以期爲讀者展現出一幅幅中外經濟文化交流的精美畫卷，爲海上絲綢之路的研究提供歷史借鑒，爲『二十一世紀海上絲綢之路』倡議構想的實踐做好歷史的詮釋和注脚，從而達到『以史爲鑒』『古爲今用』的目的。

凡例

一、本編注重史料的珍稀性，從《海上絲綢之路歷史文化叢書》中遴選出菁華，擬出版百册單行本。

二、本編所選之文獻，其編纂的年代下限至一九四九年。

三、本編排序無嚴格定式，所選之文獻篇幅以二百餘頁爲宜，以便讀者閱讀使用。

四、本編所選文獻，每種前皆注明版本、著者。

五、本編文獻皆爲影印，原始文本掃描之後經過修復處理，仍存原式，少數文獻由於原始底本欠佳，略有模糊之處，不影響閱讀使用。

六、本編原始底本非一時一地之出版物，原書裝幀、開本多有不同，本書彙編之後，統一爲十六開右翻本。

目録

宣和奉使高麗圖經（下）

宣和奉使高麗圖經（下）

卷二十二至卷四十

〔宋〕徐兢 撰

清抄本

宣和奉使高麗圖經卷第二十二

雜俗

臣聞王制曰廣谷大川異制民生其間異俗夫所謂廣谷大川固未必遐方絶域蓋特其中國之制川俗或殊則習俗各異有不可得而同者又况蠻夷之限在海外其習俗豈一端哉高麗於諸夷中號為文物禮義之邦其飲食用俎豆文字合楷隷授受拜跪恭肅謹愿有足尚者然其實汚僻澆薄厖雜夷風終未可革也冠婚喪祭鮮克由禮若男子巾幘雖稍倣唐制而婦人鬌髻下垂尚宛然髽首辮髮之態貴人仕

族婚嫁畧用聘幣至民庶唯以酒米通好而已又富家娶妻至三四人小不相合輒離去産子居别室其疾病雖至親不視藥至死殮不柎棺雖王與貴冑亦然若貧人無瘞具則露置中野不封不植委螻蟻烏鳶食之衆不以爲非淫祀諂祭好浮圖宗廟之祠參以桑門歌唄其間加以言語不通貪饕行路行喜奔走立則多拱手于背婦人僧尼皆作男子拜此其大可駭者至于瑣碎不經又未易以一二數今姑摠其耳目所見者圖之併以土産資養之物附于後

庭燎

麗俗尚夜飲而祇待使人尤謹每宴罷常侵夜分自山島州郡郊亭館舍皆于庭中束葦明燎以散員執之使者歸館則羅列在前相比而行

秉燭

王府公會舊不然燭比梢稍能造大者如椽小者亦長及二尺然而終不甚明快會慶乾德之燕廷中設紅紗燭籠用緑衣人縉笏執之問之云是新入仕之人舊記為初登第者今知未必皆一等流品也

挈壺

挈壺之職名實近古遂刻以擊鼓為節中廷立表以

揭碑每時正則一紫衣吏捧牌立于承爲之

女騎

婦人出入亦給僕馬盖亦公卿貴人之妻也從馭不過三四人皂羅蒙首餘被馬上復加笠焉王妃夫人唯以紅爲餙亦無車輿也昔唐武德正觀中宫人騎馬多著羃䍦之遺法歟

宣和奉使高麗圖經卷第二十二

宣和奉使高麗圖經卷第二十三

雜俗二

澣濯

舊史載高麗其俗皆潔淨至今猶然每笑中國人多垢膩故晨起必先沐浴而後出戶夏月日再浴多在溪流中男女無別悉委衣冠于岸而沿流褻露不以為怪浣濯衣服湅涚絲麻皆婦女從事雖晝夜服勤不敢告勞鑿井汲水多近川為之上作鹿盧輸水于槽〻形頗如舟云

種蓺

國封地瀕東海多大山深谷崎嶇嵓崒而少平地故治田多于山間因其高下耕墾甚力遠望如梯磴然其俗不敢有私田畧如丘井之制隨官吏民兵秩序高下而授之國母王妃世子王女而下皆有湯沐田每一百五十步爲一結民年八歲投狀射田結數有差而國官以下兵吏驅使進士工技無事則服田惟戍邊則給米其地宜黃粱黑黍寒粟胡麻二麥其米有秔而無稬粒特大而味甘牛工農具大同小異略而不載

漁

國俗有羊豕非王公貴人不食細民多食海品故有鰌鰒蚌珠母蝦王文蛤紫蟹蠣房龜脚以至海藻昆布貴賤通嗜多勝食氣然而臭腥味鹹久亦可厭也海人每至潮落矴舟島嶼而捕魚然不善結網但以疏布漉之用力多而見功寡唯蠣蛤之屬潮落不能去人掇拾盡力取之不竭也

樵

樵人初無專業惟事隙則隨少長之力於城外山取之蓋旁城之山於陰陽有忌不許采斫故其中多巨木合抱青蔭可愛使者舍于館以至登舟皆有司供

絡以俻炊賫不善用肩惟以背負而行

刻記

麗俗無籌算官吏出納金帛計吏以片木持刃而刻之每記一物則刻一痕已事則棄而不用不復留以待稽考其政甚簡亦古結繩之遺意也

屠宰

夷政甚仁好佛戒殺故非國王相臣不食羊豕亦不善屠宰唯使者至則前期畜之及期將用縛手足投烈火中候其命絕毛落以水灌之若尚活則以杖擊死然後剖腹腸胃盡斷糞穢流注雖作羹胾而臭惡

不絕其拙有如此者

施水

王城長廊每十間張帟幕設佛像置大甕貯白米漿復有杯杓之屬恣往来之人飲之無間貴賤而以僧徒主其事

土產

高麗依山瀕海地瘠而磽然而有稼穡之種麻枲之利牛羊畜產之宜海物惟錯之美廣揚永三州多大松〻有二種唯五葉者乃結實羅州道亦有之不若三川之富方其始生謂之松房狀如木瓜青潤緻密

至得霜乃折其實始成而房乃作紫色國俗雖果肴
羮胾亦用之不可多食令人嘔吐不已人参之餘持
生在〻有之春州者最良亦有生熟二等生者色白
而鬆入藥則味全然而涉夏則損蠹不若經湯釜而
熟者可久留舊傳形扁者謂麗參以石壓去汁作煎
今詢之非也乃參之熟者積垜而致爾其作煎當自
有法也館中日供食菜亦謂之沙參形大而脆美非
藥中所宜用又其地宜松而有茯苓山深而產硫黄
羅州道出白附子黄漆皆土貢也其國自種紵麻人
多衣布絕品者謂之絁潔白如玉而窘邉幅王與貴

臣皆衣之不善蠶桑其絲綫織紝皆仰賈人自山東閩浙來頗善織文羅花綾緊絲錦罽邇來北虜降卒工技甚衆故益奇巧染色乃勝于前時地少金銀而多銅器用漆作不甚工而螺鈿之工細密可貴松煙墨貴猛州者然色昏而膠少仍多沙石黃毫筆軟弱不可書舊傳為猩猩毛未必然也紙不全用楮間以藤造槌擣皆滑膩高下數等其實栗大如桃甘美可愛舊記謂夏月之有之嘗問其故乃藏以陶瓶藏埋土中故經歲不損六月亦有含桃味酸如酢榛榧極多云倭國者亦有來禽青李瓜桃梨棗味薄而形小

至於蓮根花房皆不敢擷國人謂其為佛足所乘云

宣和奉使高麗圖經卷第二十三

宣和奉使高麗圖經卷第二十四

節仗

臣聞春秋之法王人雖微序在諸侯之上蓋尊王命也然當是時周室紀綱圯壞諸侯强大有輕之之意孔子托空言以為天下後世臣子法尚諄諄如此矧太平盛際親遣王人遠使外國則彼之尊奉之禮豈敢少懈哉恭惟宋有天下垂二百年干戈寖偃夷裔君長不待詔告而信順之誠堅若金石蓋自容成氏以來未有太平如此之盛宜乎諸侯推尊王人而禮文繁縟也比年使命每至麗國聞其儲埽儀物之華

兵衛之衆以迓詔書以導旌節禮甚勤至然是行也適在王俁名國王喪制未終其鼓吹之類皆執而不作亦可謂知禮也已

初神旗隊

神舟既抵禮成港下碇訖麗人具采舟來迎使者奉詔書登岸三節步從入碧瀾亭奉安詔書訖退休於所舍明日質明都轄提轄官對捧詔書入采輿兵仗前導諸仗之中神旗爲先自西郊亭預建于館前候詔書至與餘仗先接導衛入城旗列十面車載而行每乘十餘人自是之後受詔拜表則皆設于兵仗前

也青衣龍虎軍鎧甲戈矛幾及萬卒分爲兩序夾道而行

次騎兵

神旗之次有錦衣龍虎親衛旗頭一名騎而前驅執小紅旆其次則領兵上將軍其次則領軍郎將皆騎兵也持弓矢佩劍餙馬之具皆有鑾鞁馳驟甚亟頗自矜耀

次鐃鼓

騎兵之次鳴笳之軍次之鐃鼓之軍又次之每百餘步鳴笳軍必却行而詔輿而合吹聲止則擊鐃鼓爲

之節

次千牛衛

鼓角之次即有儀物貫華鐙杖千牛軍衛執之相比而行

次金吾衛

千牛衛之後金吾仗衛軍次之執黄幡豹尾儀戟華蓋差間而行

次百戲

金吾仗衛之後百戲小兒次之服飾之類略同華風

次樂部

歌工樂色亦有三等之服而所持之罷間有小異其行在小兒隊之後比使者至彼會俁喪制未除故樂部皆執其罷而不作特以奉詔命不敢不設也

次禮物

禮物之匣大小不一其面標題所賜之物名件而皇帝信寶封之麗人尊奉寵眷乃盛以要舁而罩以黃帕每乘用控鶴軍四人服紫繡花袍上折幞頭其行在樂部之次

次詔輿

采輿之設繢繡錦綺五色間錯制作華巧前一舁安

大金爐次奉詔書并祭王侯文次奉御書亦以控鶴
軍捧之拜表歸館則不用其中一輿耳
次充代下節
國朝故事奉使高麗下節皆卒伍比歲稍許命官士
人藝術工技以代其選今使者之行也人人仰体聖上
懷徠之意願爲執鞭以觀異域之俗又况陛辭之日
面奉聖語丁寧宣諭人皆感泣而不以海洋之生死
爲憂也故有若成忠郎周通承信郎趙漑登仕郎熊
樗年尹京文學江大亨李訓唐浚翰林醫學楊寅進
士有若晁正之徐亨黄大本葉彥資石懌陳興祖陶

陶挺孟徹高佰益李銑崔世美顧大範金安止王居仁劉緝熙副尉則有李暉王澤呂漸徐珙徐可言施祐鍾禹功省府寺監胥吏則有若董琪牛敏牛鄭恭陳佐楊大同楊渙劉宗武孫洵王祐尹公立孫琬曹裕王佰金陳惟漑王道深楊革張雩桂林范敏求舒璋鄒琮志張若朴范寧之朱彥康劉棨胡允升周郁鄭佰成其服紫羅窄袖衫烏紗帽塗金雙鹿帶分為兩序從詣輿兩行

次宣武下節

宣武下軍明州士兵共五十人服飾與充代不異但

褰裳而行使錦鏽彰施耳使者初出都門降賜塗金
器皿從物每出節即供給之人各執于前缺一字采奪
目以示榮耀于外國焉
次使副
國信使副從詔書入城副缺一字公會皆二馬齊驅其
服紫衣御仙花金帶仍佩金魚高麗伴使騎馬在副
使之右數步相比而行屈使又次之
次上節
上節都轄武翼大夫忠州刺史兼閤門宣贊舍人吳
德休其服紫衣金帶行馬在正使之後提轄朝奉大

夫徐兢緋衣佩魚行馬在閣使之後法籙道官太虛
大夫蘂珠殿校籍黃大中碧虛郎凝神殿校籍陳應
常紫衣青襖佩金方符書狀官宣教郎滕茂實崔嗣
道如提轄官之服隨船都巡檢吳敵指使蕭巡檢路
允升路遠傳叔承許興文管句舟船王覺民黃處仁
蜀成仲舒紹弼賈垣語錄指使劉昭慶武忱楊明醫
官李安仁郝洙書狀使臣馬俊明李公亮其服紫衣
塗金御仙花帶引接判珣孫嗣興服綠各以官序行
馬從詔書入城其侍使副行則戴席帽而執鞭專遣
行禮則亦張青蓋被國自有伴官相陪多以引進官

爲之

終中節

中節管句禮物官承直郎朱明發承信郎婁澤范旼

廸功郎崔嗣仁劉璹將仕郎吴太上御名行遣廸功郎汪

忱進士王處仁占候風雲官承信郎董之邵王元

符禁呪張洵仁技術郭範司馬瓘使副親隨徐閎張

皓李機許興古親從官王瑾魯蹲宣武十將充代趙祐

正名程政都轄親隨人吏王嘉賓王仔其服幞頭紫

窄衣塗金寶瓶帯其行馬在上節之次

宣和奉使高麗圖經卷第二十四

宣和奉使高麗圖經卷第二十五

受詔

臣聞周使宰孔賜齊侯胙將下拜孔曰且有後命天子以伯舅耋老加勞賜一級無下拜對曰天威不違顏咫尺小白余敢貪天子之命恐隕越于下以遺天子羞敢不下拜下拜登受夫周室之衰禮去其籍僅有存者齊侯雖伯不敢廢禮今天子威靈所被震疊海表而綏懷之意情文腆縟是宜麗人恪恭明命如瞻天表不敢少怠以虞隕越今圖其趨事執禮之勤以備觀考

迎詔

使副奉詔入順天館十日内卜吉王乃受詔前期一日先遣説儀官與使副相見次日遣屈使一員至館都轄提轄官對捧詔入采輿内儀仗兵甲迎導前行使副館伴屈使同上馬下節在其前步行上中節騎馬後隨国官先于館門外排立候詔書出館當道再拜訖乘馬前導至王府入廣化門次入在同德門至昇平門外上中節下馬引接指使等馬前步行上節後從入神鳳門至閶闔門外使副下馬国王與国官以次迎詔再拜訖采輿入止會慶殿門外

導詔

采輿既入止會慶殿門外都轄提轄官自中捧詔
出奉安于幕位使副少憩國王復降門下西向立使
副與國王並行導入中門上節禮物等分兩序入會
慶殿下以俟國王受詔

拜詔

國王導詔入會慶殿廷下設香案面西立使副位北
上面南立上節官以次序立于使副之後國官立班
于王之後王再拜躬問聖躰乃復位舞蹈再拜已國
官舞拜如王之儀国信史稱有勑國王再拜起躬聽

口宣乃稽笏跪副使以詔授使使以詔授王詔曰高
麗國王王楷遜聞嗣國甫謹修方諒惟善繼之初克
懋統承之望遽經变故深劇傷摧肆遄命使之華往
諭象賢之寵載番賚予併示哀榮宜祗服于王靈用
永遵于侯度今差通議大夫守尚書禮部侍郎元城
縣開國男食邑三百戶路允迪大中大夫中書舍人
清河縣開國伯食邑九百戶傅墨卿充國信使副賜
卿国信禮物等具如别録至可領也故茲詔示想宜
知悉春暄卿比平安好遣書指不多及王受詔乃授
国官出笏舞蹈如初之儀國官亦如之

起居

使副既導詔至于廷王再拜輿避席躬問聖体使亦避席躬答曰近離闕下皇帝聖躬萬福各復位拜舞如受詔之儀先是自全抵廣凡三州牧問聖体如王之儀至其接送館伴官相見亦如之

祭奠

壬寅春二月使副被旨以國信使事行夏四月聞俁薨薫以祭奠弔慰遵先豊制也癸卯六月十三日甲午使副到館王既受詔越二日王先遣人告辦都轄吴德休往啓建佛事次日提轄官徐兢押所賜祭奠

禮物陳列于前至日賀明使副與三節官吏奉詔輿
至長慶宮三節休于次使副易帶以烏犀仍去式候
時至入祭室王楷素服立于東楹使副再拜與使跪
宣御製祭文曰維宣和五年歲次癸卯三月甲寅朔
十四日丁卯皇帝遣使通議大夫守尚書禮部侍郎
元城縣開國男食邑三百戶路允迪大中大夫中書
舍人清河縣開國伯食邑九百戶傅墨卿致祭于高
麗國王之靈惟王躬有一德嗣茲東土孝友肅恭惠
廸神民克紹于前文人四國是式而忠誠夙著義篤
勤王旅貢在廷服命唯謹朕惟王外介海隅而能知

役志于享乃心罔不在王室嘉乃丕績眷顧不忘方
將游餙使人往諭朕志示鎮撫于爾邦孰謂天不憖
遺遽聞天故邦國殄瘁震悼于懷今錫尔恤典用裦
乃顯德以輯爾邦尚其來止歆我寵靈永垂佑于爾
後人服休無斁尚饗
是日祭奠禮畢少退乃行吊慰禮于廷中設香案西
望天闕王楷素服面西立使位南面西上副使又次
之副使詔授使〻以詔授王王磬折鞠躬再拜跪受
之詔曰高麗國王王楷惟爾先王祇今上御名明德宜綏
厥位毗予一人天命難諶遽以訃諗緬惟永嘉諒劇

傷權纂嗣之初踐脩是屬勉思割用副眷懷今差
國信使通議大夫守尚書禮部侍郎元城縣開國男
食邑三百户路允廸副使大中大夫中書舍人清河
縣開國伯食邑九百户傅墨卿兼祭奠弔慰并賜祭
奠弔慰禮物等具如別録至可領也故茲詔示想宜
知悉春暄卿比平安好遣書指不多及

宣和奉使高麗圖經卷第二十五

宣和奉使高麗圖經卷第二十六

燕禮

臣聞先王燕享之禮以其爵等而為隆殺之節其酌獻有數其酬酢有餞本朝講之詳矣師古便令不失先王之意而高麗之制執爵酌禮鄉行而前所以薦賓客乃有古人之遺風諒其加厚于使華以尊王人施于其國者未必槩如此也具載于圖以志其向慕中國之意

私覲

王既受詔已王與使副少休于次王位東使副位西

賛者以使副起居狀告于王王遣介復命引接官分左右引王與使副出立于會慶廷中對揖訖升殿王立于東楹使副立于西楹各設褥位王與使相向再拜訖各致躬稍前通問訖復再拜使少退副使立于使位與王對拜如初禮各復位然後分立于所占之席立于其側上節官通榜子參都轄提轄以下不拜止躬揖王王亦躬答之退立于東廊次引中節庭下參四拜王稍躬還揖訖退立于西廊王與使副就席坐上中節亦然次引下節并舟人亦庭下六拜坐于門之東西分兩序北面東上然後酒行其獻酬之禮

則見於別篇云

燕飲

燕飲之禮供張（缺一字）幕之屬悉皆光麗堂上施（缺二字）西廊籍以緑席其酒味甘色重不能醉人果蔬豐腆多去皮核肴饌雖有羊豕而海錯勝之卓面覆以紙取其潔也器皿多以塗金或以銀而以青陶器為貴酬献之儀賓主百拜不敢廢禮自今官國相尚書以上立于殿之東榮在王之後餘官以文武分東西兩序立于庭中中立一表以著時刻旁列緑衣人搢笏執絳燭籠立于百官之前復令衛軍各執儀物立于

其後嚴人奉王甚嚴每燕（缺一字）行禮所立官吏兵衛雖烈日驟雨山立不動亦未嘗改容其恭肅亦可尚云

獻酬

王與使副既就席坐王遣介告使副曰欲親起酌酒為勤使者固辭至于再三乃從之各避席起立對揖訖執事者以使爵至王前王跪執尊以酌使者郄行而前使亦跪受爵記復以爵授執事者各復位坐既定飲訖起躬身對揖略叙謝意王又親酌副使酒如使之禮使副既受王獻畢復親酌酒以酢王如初禮

酒三行乃如常儀酒十五行乃中休于次少頃再就
坐自使副而下送襲衣金銀帶各有差酒再十餘行
夜分乃罷王送使副出于殿門外三節人以序行馬
歸館

上節席

上節之席西面北上器用塗金禮如使副差殺而王
不親酌唯遣尚書郎或卿監代之先以其禮告于王
王可其言再拜而退乃言于使人曰主遣某官勸上
節酒都轄提轄而下躬身答之初坐再勸晚燕再就
位至于三勸皆易巨觥酒盡乃退所遣官復再拜王

于殿廷而退

中節席

中節之席東面北上與上節相向其果肴罷皿又降上節一等其遣官勸酒略如上節之儀

下節席

下節之席在殿門之内北面東上其席不施牀卓唯以小俎籍地而坐罷用白金果肴簡略而酒行之數差踈視中節又降殺數倍耳

館會

使者既入館王遣官辦燕謂之拂塵會自是之後五

日一會過節序稍加禮焉使副居其中自分左右位國官伴遶與館伴分東西居客位都轄提轄以下分坐與西序中下節次坐于西序上下五行夜分而罷庭中不施燭籠唯設明燎而已又有過位之禮館伴以書延使副於其位如燕之禮三節不偕往唯從行引接指使之屬以偕使令其後數日使副延館伴官於所館之樂賓亭用行庖之人而果肴器皿皆御府所給四筵列寶玩古器法書名畫異香奇茗瑰瑋萬狀精采奪目麗人莫不驚嘆酒闌隨所好恣其所欲取而予之

拜表

使者宣命禮畢乃以書告行欲赴天寧節上壽之意
王遣介致書懇留使者固辭王卜日持書告以拜附
表章至日使副率三節人至王府王迎揖至會慶殿
庭中設案列褥位如受詔之儀王望闕再拜訖搢笏
跪執事以表授王王捧表都行奉于使使跪授訖以
表授副使置表于引接官然後就席至會罷乃以表匣
置采輿中兵仗迎導前行歸館

門餞

拜表宴罷乃于神鳳門張帟幕設賓主之位王與使
副酌別訖立于席之側先引上節立于前王親酌別

酒巨觥致辭而退次引中節立于阼階下節立于階下勸酒如上節之禮退出門外候使副上馬三節以次從行歸館

西郊送行

使副回程是日早發順天館未間抵西郊亭王遣國相具酒饌于其中上中節位于東西廊下節位于門外酒十五行乃罷使副與館伴立馬于門外叙別館伴就上馬親酌以勸使者飲畢各分袂先是與接送伴官到館即相別及回程於此復與之相陪以迄群山島放洋也

宣和奉使高麗圖經卷第二十六

宣和奉使高麗圖經卷第二十七

館舍

登山去館可百步當半山之脊而大止御名之其制四稜
上爲火珠之頂八面施欄楯可以據坐偃松怪石女
蘿葛蔓互相映帶風至蕭然不覺有暑氣使副暇日
每與上節官屬烹茶枰棋于其上談笑終日所以快
心目而却炎蒸也

使副位

使副位在正廳之後缺二字大亭其制四稜上爲火珠
榜曰樂賓使位在東副使位在西各占三間中列塗
金罷皿陳錦繡帷幄甚盛庭中廣植花草正北一門
可以登山即過香林亭路也

都轄提轄位

都轄提轄共處一堂其制三間對闢二室可以官序分居之當其中以為會食見客之所前垂青幃狀類酒帘室中各施文羅紅幕舊不用帳今亦有之榻上施錦裀復加大席以錦為緣室中器皿如香奩酒榼唾盂食匜悉

榜曰順天之館東西兩堦皆施欄楯上張錦繡簾幕其文多為翔鸞團花四面並張綉花圖障左右置八角冰壺惟與國官相見館中飲會則升廳焉使副居

其中自餘賓主国官分東西侍坐而已

詔位

詔書位在樂賓之西館伴位之北小殿五間繪飾華煥兩廊昔為押伴醫官之室今以為二道官位各以官序分居之使副入館先奉安詔書于殿俟王卜吉日受詔其日率三節官拜于庭都轄提轄對捧上節前導出館置采輿中使副以次從行

清風閣

清風閣在館廳之東都轄提轄位之南其制五間下不施柱唯以拱斗架疊而成不張幄幕然而刻鏤繪

飾丹雘華侈冠于他處唯以貯所錫禮物崇觀中揭名凉風今易此名耳

香林亭

香林亭在詔書殿之北自樂賓亭後有路詔書入于亭〻有二位西曰右碧瀾亭以奉詔書東曰左碧瀾亭以待使副兩序有室以處二節人徃來各一宿而去直東西有道通王城之路左右居民十數家蓋使節既入城衆舟皆泊于港中舟人分番以守視于此耳

客館

客館之設不一順天之後有小館十數間以待遣使報信之人迎恩館在南大街興國寺之南仁恩館與迎恩相並昔曰仙賓今亦此名皆前此所以待契丹使也迎仙館在順天寺北靈隱館在長慶宮之西以待狄人女眞興威館在奉先庫之北昔嘗以待醫官之所自南門之外及兩廊有館凡四曰清州曰忠州曰四店曰利賓皆所以待中國之商旅然而卑陋草創非比順天也

宣和奉使高麗圖経卷第二十七

宣和奉使高麗圖經卷第二十八

供張

臣聞周官掌次掌王次之法以待張事諸侯朝覲會同則張大次小次師田則張幕設案夫王者之待諸侯疑者其禮可簡然當朝覲會同師田之時尚且供張次舍如此勤至又況海外小侯尊奉王人則鋪張辦設豈可苟哉高麗自王氏以來世為本朝藩屏而王上所以鎮撫之者恩德厚甚故每使節遠役而供張之具極華煥也蓼蕭澤及四海之詩曰鞗革沖〻和鸞雝〻盖即其儀物之中禮可以見其享上之心

今謹叙麗人所以祗待使華者作供張圖

纈幕

纈幕非古也先儒謂縈繒染為文者謂之纈麗俗今治纈尤工其質本文羅花色即黄白相間爛然可觀其花上為火珠四垂寶網下有蓮臺花座如釋氏所謂浮屠狀然 非貴人所用唯江亭客館於屬官位設之

繡幕

繡幕之飾五采間錯而成不為攢縫逐幅自上垂下亦有鸂鶒翔鳶花團等樣而紅黄為勝其質本文紅

羅唯順天館詔殿正廳使副位會慶乾德殿公會則設之

繡圖

繡圖紅身緑襈五采間錯山花戲獸過于繡幕亦有花竹翎毛果實之類生意國俗張帟幕每十餘幅則挂一之不以當堂奥之中也

坐榻

坐榻之制四稜無飾其上鋪大席青襈而設于館中過道間蓋官屬從吏憇息之具也

燕臺

燕臺之狀如中國之有几案也四角殺其銳白藤穿花面分四隅而以丹漆為飾盖以塗金裝釘復增紅羅繡幃四面垂帶相比如羽惟王稽以俟未終制易紅為紫耳坐牀之制與中国同而高大多三分之一

光明臺

光明臺繁燈燭之具也下有三足中立一幹形狀如竹逐節相承上有一盤中置一甌之中有可以燃燭若燃燈則易以銅釭貯油立炬鎮以小白石而路紅篙之高四尺五寸盤面闊一尺五寸罩高六寸闊五寸

丹漆俎

丹漆俎蓋三官平（缺三字）也坐于榻上而以罷皿登俎對食故飲食以俎數多寡分尊卑使副入館日饋三食〻以五俎其罷皿悉皆黄金塗之凡俎從廣三尺横二尺高二尺五寸

黑漆俎

食俎之制大小一等特紅黑之異都轄提轄及上節館中日饋三食〻以三俎中節二俎下節則以連床每五人並一席而食

臥榻

臥榻之前更施矮榻三面立欄楯各施錦綺裀褥復加大席莞簟之安殊不覺有夷風然此特国王貴臣之禮兼以待華使也若民庶則多為土榻穴地為火炕臥之蓋其國冬月極寒復少纊絮之屬耳

文席

文席精粗不等精巧者施于床榻粗者用以籍地織草性柔揩屈不損黑白二色間錯成文青紫為襈初無定制

門帷

門帷之制青絹三幅上有提襻而横木貫之狀如酒旂盖宮室之中服人用以映蔽之具也

宣和奉使高麗圖經卷第二十八

宣和奉使高麗圖經卷第二十九

供張二

繡枕

繡枕之形白苧為囊中寘以香草兩頭蹙金盤綫花文極巧復以絳羅裝飾如蓮荷之狀三節供給其制一等

寢衣

寢衣之制紅黃為表而以白苧裹之裹大于表四邊各餘一尺

紵裳

紵裳之制表裏六幅腰不用横帛而　貳帶三節每
位各與紵衣同設以待沐浴之用

紵衣

紵衣即中單也夷俗不用純領自王至于民庶無男
女悉服之

畫榻扇

畫榻扇金銀塗飾復繪其國山林人馬女子之形麗
人不能之云是日本所作觀其所績衣服信然

杉扇

杉扇不甚工唯以日本白杉木劈削如紙貫以綵組

相比如羽亦可招風

白摺扇

白摺扇編竹為骨而裁藤紙鞔之間用銀銅釘飾以竹數多者為貴供給趨事之人藏于懷袖之間其用甚便

松扇

松扇取松之柔條細削成縷搥壓成綫而後織成上有花文不減穿藤之巧唯王府所遺使者最工

草履

草履之形前低後卬形狀詭異國中無男女少長悉

履之

宣和奉使高麗圖經卷第二十九

宣和奉使高麗圖經卷第三十

器皿一

臣聞前史稱東夷器用俎今高麗土俗猶然觀其制作古朴頗可愛尚至于他飲食器亦往〻有尊彝簠簋之狀而燕飲陳設又多類于莞簟几席蓋染箕子美化而彷彿三代遺風也謹掇其槩圖之

獸爐

子母獸爐以銀為之刻鏤制度精巧大獸蹲踞小獸作搏攫之形返視張口用以出香唯會慶乾德公會則置于兩楹之間迎詔焚爇香公會則爇篤耨龍腦

旗纛沉水之屬皆御府所賜香也每隻用銀三千斤
獸形連坐高四尺闊二尺二寸

水瓶

水瓶之形略如中國之酒注也其制如銀三斤使副
與都轄提轄官位設之高一尺二寸腹徑七寸量容
六升

盤琖

盤琖之制皆似中國唯琖深而釦斂舟小而足高以
銀爲之閒以金塗鏤花工巧每至勸酒則易別杯第
量容差多耳

博山爐

博山爐本漢器也海中有山名博山形如蓮花故香爐取象下有一盆作山海波濤魚龍出沒之狀以備貯湯薰衣之用蓋欲其濕氣相著煙不散耳今麗人所作其上頂雖象形其下爲三足殊失元制但工巧可取

酒榼

酒榼蓋提挈之器也上爲覆荷兩耳有流連環提紐以金閒塗之唯勸酒則特用而酒色味皆勝其制高一尺闊八寸提環長二尺二寸量容七升

烏花洗

銀花不常用唯使副私覿有之點藥鏤花烏文白質輕重不等面濶一尺五寸量容一斗二升

面藥壷

面藥壷唯使副都轄提轄位用銀餘以銅銜之狀用以貯水置之几案蓋冬月温手之器也面濶一尺二寸高八寸

巨鍾

大鍾在普濟寺形大而聲不揚上有蟠紐中有双飛仙刻銘曰甲戌年鑄用白銅一萬五千斤麗人云昔

者置之重樓燕閣契丹單于惡之今移于此亮其誇
大之言未必然也

宣和奉使高麗圖經卷第三十

宣和奉使高麗圖經卷第三十一

罷皿二

油盎

油盎之狀略如酒罇白銅爲之其上無蓋恐其傾覆而以木楔窒之高八寸腹徑三寸量容一升五勺

淨瓶

淨瓶之狀長頸脩腹旁有一流中爲兩節仍有轆轤蓋頸中間有隔隔之上復有小頸象簪筆形貴人國官觀寺民舍皆用之唯可貯水高一尺二寸腹徑四寸量容三升

花壺

花壺之制上銳下圓略如垂膽仍有方坐四時貯水簪花舊年不甚作迩來頗能之通高八寸腹徑三寸量容一升

水釜

水釜之制狀如鬲鼎以銅鑄成有二獸環貫不可以負待麗人方言無小大皆謂之伽僷射館中諸房皆給之高一尺五寸濶三尺量容一石二斗

水甖

水甖如水釜之形而差小仍有銅蓋用以汲水以象

中国之水桶也上有二耳可以攀挈麗俗便于負戴故此罷最多高一尺腹徑一尺二寸量容一斗二升

湯壺

湯壺之形如花壺而差匾上蓋下座不使泄氣亦古溫罷之屬也麗人烹茶多設此壺通高一尺八寸腹徑一尺量一斗

白銅洗

白銅洗之形與烏銀者相似特無文采而麗人謂之水盆又有一等赤銅者制作差劣

鼎爐

鬲爐之制略如博山上無花蓋下有三足唯觀寺神祠用之高二尺頂闊六寸下盤闊八寸

溫爐

溫爐之形如鬲而有偃唇腹下三足爲獸爲之圓腹修頸蓋形稍鋭高五寸腹徑三寸五分量容一升

芙蓉尊

酒尊之形上有蓋如芙蓉花之方苞也間金塗飾長頸闊腹高二尺量容一斗二升

提瓶

提瓶之狀頭長而上鋭腹大而底平其制八稜間用

塗金中貯米漿熟水國官貴人每令親侍挈以自隨

大小不等大者容二斗

宣和奉使高麗圖經卷第三十一

宣和奉使高麗圖經卷第三十二

器皿三

茶俎

土產茶味苦澀不可入口唯貴中國臘茶并龍鳳賜團自錫賚之外商賈亦通販故迩來頗喜飲茶益治茶具金花烏盞翡色小甌銀爐湯鼎皆竊効中國制度凡宴則烹于庭中覆以銀荷徐步而進候贊者云茶遍乃得飲未嘗不飲冷茶矣館中以紅俎布列茶具于其中而以紅紗巾冪之日嘗三供茶而繼之以湯麗人謂湯為藥每見使人飲盡必喜或不能盡以

為慢已必快快而去故常勉强為啜也

瓦尊

國無粳米而以秫合麴而成酒色重味烈易醉而速醒王之所飲曰良醞左庫清法酒亦有二品貯以瓦尊而以黄絹封之大抵麗人嗜酒而難得佳釀民庶之家所飲味薄而色濃飲歠自如咸以為美也

藤尊

藤尊乃山島州郡所饋也中亦瓦尊外以藤周纏之舟中嶕屼相擊不損上有封緘各以州郡印文記之

陶尊

陶器色之青者麗人謂之翡色近年已來制作工巧色澤尤佳酒尊之狀如瓜上有小蓋而為荷花伏鴨之形復能作盌楪桮甌花瓶湯琖皆竊放定器制度故略而不圖以酒尊異于他器特著之

陶爐

狻猊出香亦翡色也上有蹲獸下有仰蓮以承之諸器唯此物最精絕其餘則越州古祕色汝州新窑器大槩相類

食罩

公會供饌下承以盤上施青罩唯王與使副加紅黃

之飾所以別精麄也

藤篚

古者幣帛用箱篚今麗俗不廢其篚白藤織成上有錯文為花木鳥獸之狀裏為紅黃文綾柘之大小相合謂之一副其直准白金二斤唯王府所用最佳蓋郡邑土貢餘官民庶者制作草草脩禮適用而已

鬵釜

鬵釜蓋烹飪罷也以鐵為之其上有蓋腹下三尺回旋之文細如毛髮高八寸濶一尺二寸量容二升五勺

水瓮

水瓮陶器也廣腹斂頸其口差敞高六尺闊四尺五寸容三斗二升館中用銅瓮唯山島海道以舟載水相遺則用之

草苫

草苫之用猶中國之有布囊也其形如絡結草為之凡米麵薪炭之屬悉用以盛山行不利車多以騾馬裝載而行

刀筆

刀筆之鞘刻木為之其制三隔其一藏筆其二藏刀

刀行犀利上刀差短散員而下官吏祗應房子親侍

皆佩之

宣和奉使高麗圖經卷第三十二

宣和奉使高麗圖經卷第三十三

舟楫

臣聞風行水上在卦為渙而舟楫之利以濟不通取象於此後世聖知代作百工加節故龍文鷁首駕風截浪一日千里必使橫絶江河如履平地非特剞劂之簡而已也乃若麗人生長海外動涉鯨波固宜以舟楫為先今觀其制度簡略不甚工緻豈其素安于水而狃狎之耶抑曰陋就簡魯拙而莫之革耶今謹即所見列于圖

巡船

高麗地瀕東海而舟楫之工簡畧特甚中安一檣上無棚屋唯設艣柂而已使者入群山門有此等巡船十餘隻皆插旌旗舟人邏卒皆著青衣鳴角擊鐃而來各于檣之杪建一小旆書曰洪州都巡曰永新都巡曰公州巡檢曰保寧曰懷仁曰安興曰暨川曰陽城曰慶源皆有尉司字寔捕盜官吏也自入境以迄回程迎至餞行於群山島望神舟入洋乃還其國

官船

官船之制上為茅蓋下施户牖周圍欄檻以橫木相貫挑出為棚面濶于底通身不用板簀唯以矯揉全

未使曲相比釘之前有矴輪上施大檣布帆一十五幅垂下五分之一則散開而不合縫恐與風勢相拒年使者入境自東而來曰接伴曰先排曰管句曰公廚凡十餘舟大小相若唯接伴船有陳設幄幕焉

松舫

松舫群山島船也首尾皆直中為舫屋五間上以茅蓋前後設二小室安榻垂簾中敞二間施錦茵褥最為華煥唯使副與上節乘之

幕船

幕船之設三島皆有之以待中下節使人也上以青

布為屋下以長竿代柱四阿各以采繩係之

饋食

使者入境而群山島紫燕測三州皆遣人饋食持書之吏紫衣幞頭又其次則烏帽食味十餘品而麵食為（缺六字）盌多用食銀而雜以青陶盤櫝皆木為之而黑漆神舟泊不近島必遣介乘舟饋獻于使者故事送三日若遇期風阻未行則饋食不復至也

供水

海水味甚鹹苦不可口凡舟船將過洋必設水櫃廣蓄甘泉以備食飲蓋洋中不甚憂風而以水之有無

爲生死耳華人自西絶洋而來既以累日麗人料其甘泉必盡故以大瓮載水鼓舟來迎各以茶來酢之

宣和奉使高麗圖經卷第三十三

宣和奉使高麗圖經卷第三十四

海道一

臣聞海母衆水而與天地同爲無極故其量猶天地之不可測度若潮汐往來應期不爽爲天地之至信古人常論之在山海經以爲海鰌出入穴之度浮屠書以爲神龍寶之變化竇叔蒙海嶠志以謂水隨月之盈虧盧肇海潮賦以謂日出入于海衝激而成王充論衡以水者地之血脉隨氣之進退率皆持臆說執偏見評料近似而未之盡大抵天包水水承地而一元之氣升降于太空之中地承水力以自持且與

元氣升降互為抑揚而人不覺亦猶坐于船中者不知船之自運也方其氣升而地沉則海水溢上而為潮及其氣降而地浮則海水縮下而為汐計日十二辰由子至巳其氣為阳而阳之氣又自有升降以運乎晝由午至亥其氣為阴而阴之氣又自有升降以運乎夜一晝一夜合阴阳之氣凡再升再降故一日之間潮汐皆再焉然晝夜之晷繫乎日升降之數應乎月〻臨于子則阳氣始升月臨于午則阴氣始升故夜潮之期月皆臨子晝潮之期月皆臨午焉又日之行遲月之行速以速應遲每二十九度過半而月

行及之日月之會謂之合朔故月朔之夜潮日亦臨子月朔之晝潮日亦臨午焉且晝即天上而言之天體西轉日月東行自朔而往月速漸東至午漸遲而潮亦應之以遲于晝故晝潮自朔後迭差而入于夜故所以一日午時二日午末三日未時四日未末五日申時六日申末七日酉時八日酉末也夜即海下而言之天体東轉日月西行自朔而往月速漸西至子漸遲而潮亦應之以遲于夜故夜潮自朔後迭差而入于晝此所以一日子時二日子末三日丑時四日丑末五日寅時六日寅末七日卯時八日卯末也

加以時有交变氣有盛衰而潮之所至亦曰之為大
小當卯酉之月則陰陽之交也氣以交而盛出故潮
之大也獨異于餘月當朔望之後則天地之变也氣
以變而盛出故潮之大也獨異于餘日今海中有魚
獸殺取皮而乾之至潮時則毛皆起豈非氣感而類
應本于理之自然也至若波流而凝伏沙土之所凝
山石之所峙則又各有其形勢如海中之地可以合
聚落者則曰洲十州之類是也小于洲而亦以可居
者則曰島三島之類是也小于島則曰嶼小于嶼而
有草木則曰苫如苫嶼而其質純石則曰焦凡舫船

之行既出于海門則天地相涵上下一碧旁無雲埃遇天地晴霽時皓日中天游雲四歛恍然如游太虛之表既不可以言喻及風濤間發雷雨晦冥蛟螭出沒神物變化而心悸膽落莫知所說故其可紀錄者特山形潮候而已且高麗海道古猶今也考古之所傳今或不覩而今之所載或昔人所未談非固為異也蓋航船之所通每視風雨之向背而為之節方其風之牽乎西則洲島之在東者不可得而見惟南與北亦然亦既論潮候之大槩詳于前謹列夫神舟所經島洲苫嶼于後

神舟

臣側聞神宗皇帝遣使高麗嘗詔有司造巨艦二一曰凌虛致遠安濟神舟二曰灵飛順濟神舟規模甚雄皇帝嗣服羹墻孝思其所以加惠麗人實推廣熙豐之績爰自崇寧以迄于今荐使綏撫恩隆禮厚仍詔有司更造二舟大其制而增其名一曰鼎新利涉懷遠康濟神舟二曰循流安逸通濟神舟巍如山嶽浮動波上錦帆鷁首屈服蛟螭所以暉赫皇華震懾夷狄超冠今古是宜麗人迎詔之日傾国聳觀而歡呼嘉歎也

客舟

舊例每因朝廷遣使先期委福建兩浙監司雇募客舟復令明州裝飾略如神舟具体而微其丈十餘丈深三丈闊二丈五尺可載二千斛粟其制皆以全木巨枋攙疊而成上平如衡下側如刃貴其可以破浪而行也其中分為三處前一倉不安艎板唯于底安竈與水櫃正當兩檣之間也其下即甲兵宿棚其次一倉裝作四室又其後一倉謂之廥屋高及丈餘四壁施窓戶如房屋之制上施欄楯采繪華煥而用帟幕增飾使者官屬各以階序分居之上有竹篷平時

積疊遇雨則鋪蓋周密然舟人極畏廥高以其拒風不若仍舊為便也船首兩頰柱中有車輪上綰藤索其大如椽長五百尺下垂矴石〻兩旁夾以二木鉤船未入洋近山抛泊則放矴着水底如維纜之屬舟乃不行若風濤緊急則加游矴其用如大矴而在其兩旁遇行則卷其輪而收之後有正柂大小二等隨水淺深更易當廥之後從上插下二棹謂之三副柂唯入洋則用之又于舟腹兩旁縛大竹為槖以拒浪裝載之法水不得過槖以為輕重之度水棚在竹槖之上每舟十艣門山入港隨潮過門皆鳴艣而行篙

師跳躑號叫用力甚至而舟行終不若駕風之快也大檣高十丈頭墻高八丈風正則張布颿五十幅稍偏則用利篷左右翼張以便風勢大檣之巔更加小颿十幅謂之野狐颿風息則用之然風有八面唯當頭不可行其立竿以鳥羽候風所向謂之五兩大抵難得正風故布帆之用不若利篷翕張之能順人意也海行不畏深唯懼淺擱以舟底不平若潮落則傾覆不可救故常以繩垂鉛硾以試之每舟篙師水手可六十人唯恃首領熟識海道善料天時人事而得衆情故一有倉卒之虞首尾相應如一人則能濟矣

若夫神舟之長闊高大什物器用人數皆三倍于客舟也

招寶山

宣和四年壬寅春三月詔遣給事中路允迪中書舍人傅墨卿充國信使副往高麗秋九月以国王俣薨被旨兼祭奠吊慰而行遵元豊故事也五年癸卯春二月十八日壬寅促裝治舟二十四日戊申詔赴睿謨殿宣示禮物三月十一日甲子赴同文館聽誡諭十三日丙寅皇帝御崇政殿臨軒親遣傳旨宣諭十四日丁卯錫宴于永寧寺是日解舟出汴夏五月三

日乙卯舟次四明先是得旨以二神舟六客舟兼行十三日乙丑奉禮物入八舟十四日丙寅遣供衛大夫相州觀察使直睿思殿關弼口宣詔旨錫燕于明州之廳事十六日戊辰神舟發明州十九日辛未達定海縣先期遣中使武功大夫容彭年建道場于摠持院七晝夜仍降御香宣祝于顯仁助順淵聖廣德王祠神物出現狀如蜥蜴寔東海龍君也廟前十餘步當鄞江窮處一山巍然出于海中上有小浮屠舊傳海舶望是山則知其為定海也故以招寶名之自此方謂之出海口二十四日丙子八舟鳴金鼓張旗

幟以次鮮發中使關弼登招寶山焚御香望洋再拜
是日天氣晴快巳刻乘東南風張篷鳴艣水勢湍急
委蛇而行過虎頭山水決港口七里山虎頭山以其
形似名之度其地巳距定海二十里矣水色與鄞江
不異但味差鹹耳蓋百川所會至此尤未澄徹也

虎頭山

過虎頭山行數十里即至蛟門大抵海中有山對峙
其間有水道可以通舟者皆謂之門蛟門云蛟蜃所
宅亦謂之三交門其日申末刻遠望大小二謝山歷
松柏灣抵蘆浦拋矴八舟同泊

沈家門

二十五日丁丑辰刻四山霧合西風作張蓬委虵曲折隨風之勢其行甚遲舟人謂之搵風巳刻霧散出浮稀頭白峯窄額門石師顏而後至沈家門拋泊其門山與蛟門相類而四山環擁對開兩門其勢連亘尚屬昌國縣其上漁人樵客叢居十數家就其中以大姓名之申刻風雨晦冥雷電雨雹欻至移時乃止是夜就山張幕掃地而祭舟人謂之祠沙實岳瀆主治之神而配食之位甚多每舟各刻木為小舟載佛經糗粮書所載人名氏納于其中而投諸海蓋禳厭

之術一端耳

梅岑

二十六日戊寅西北風勁甚使者率三節人以小舟登岸入梅岑舊云梅子真棲隱之地故得此名有履迹瓢痕在石橋上其深麓中有蕭梁所建寶陁院殿有靈感觀音昔新羅賈人往五臺刻其像欲載歸其國暨出海遇焦舟膠不進乃還置像于焦上院僧宗岳者迎奉于殿自後海船往來必詣祈福無不感應吴越錢氏移其像于城中開元寺今梅岑所尊奉即後來所作也崇寧使者聞于朝賜寺新額歲度緇衣

而壇餙之舊制使者于此請禱是夜僧徒焚誦歌唄甚嚴而三節官吏兵卒莫不虔恪作禮至中宵星斗煥然風幡搖動人皆歡躍云風已回正南矣二十七日己卯舟人以風勢未定尚候其孰海上以風轉至次日不改者謂之孰不尔至洋中卒尔風回則茫然不知所向矣自此即出洋故審視風雲天時而後進也申刻使副與三節人俱還八舟至是水色稍澂而波面微蕩舟中已覺臲卼矣

海驢焦

二十八日庚辰天日清晏卯刻八舟同發使副具朝

服與二道官望闕再拜投御前所降神霄玉清九陽總真符籙并風師龍王牒天曹直符引五嶽真形與止風雨等十三符訖張篷而行出赤門食頃水色漸碧四望山島稍稀或如斷雲或如偃月已後過海驢焦狀如伏驢崇寧間舟人有見海獸出沒波間狀如驢形當別是一物未必因焦石而有驢也

蓬萊山

蓬萊山望之甚遠前後高下峭拔可愛其島尚屬昌國封境其上極廣可以種蒔島人居之仙家三山中有蓬萊越弱水三萬里乃得到今不應指顧間見當

是今人指以爲名耳遇此則不復有山唯見連波起伏噴豗洶涌舟楫振撼舟中之人吐眩顛仆不敢自持十八九矣

半洋焦

舟行過蓬萊山之後水深碧色如玻璃浪勢益大洋中有石曰半洋焦舟觸焦則覆溺故篙師最畏之是日午後南風益急如野狐颿制颿之意以浪來迎舟恐不能勝其勢故加小颿于大颿之上使之提挈而行是夜洋中不可住維視星斗前邁若晦冥則用指南浮針以揆南北入夜擧火八舟皆應夜分風轉西

北其勢甚亟雖已落蓬而颭動颶搖缾盎皆傾一舟之人震恐膽落黎明稍緩人心向寧依前張颿而進

白水洋

十九日辛巳天色陰翳風勢未定辰刻缺一字且順復加野狐颿舟行甚鈍中後風轉酉刻雲合雨作入夜乃止復作南風入白水洋其源出靺鞨故作白色是夜舉火三舟相應矣

黄水洋

黄水洋即沙尾也其水渾濁且淺舟人云其缺一字自西南而來橫于洋中千餘里即黄河入海之處舟行

至此則以雞黍祀沙蓋前後行舟遇沙多有被害者故祭其溺水之䰟云自中国適句驪唯明州道則經此若自登舟版橋以濟則可以避之北使者回程至此第一舟幾遇淺第二舟午後三柂并折賴宗社威靈得以生還故舟人每以過沙尾為難當數用鉛硾時其淺深不可不謹也

黑水洋

黑水洋即北海洋也其色黯湛淵淪正黑如黑猝然視之心膽俱喪怒濤噴薄屹如萬山遇夜則波閒熠熠其明如火方其舟之升在波上也不覺有海唯見

天日明快及降在窪中仰望前後水勢其高蔽空腹胃騰倒喘息僅存顛仆吐嘔粒食不下咽其困卧于茵褥上者必使四維隆起當中如槽不爾則傾側輥轉傷敗形體當是時求脱身于萬死之中可謂危矣

宣和奉使高麗圖經卷第三十四

宣和奉使高麗圖經卷第三十五

海道二

夾界山

六月一日壬午黎明霧昏乘平南風巳刻稍霽風轉西南益張野狐颿午正風厲第一舟大檣砉然有聲勢曲欲折亟以大木附之獲全未後東北望天際隱隱如雲人指以為半托伽山不甚可辨入夜風微舟行甚緩二日癸未早霧昏曀西南風作未後澂霽正東望一山如屏即夾界山也華夷以此為界限初望隱然酉後遇近前有二峯謂之双髻山後有小焦數

十如奔馬狀雪浪噴激遇山濺瀑尤高丙夜風急雨
作落帆徹篷以緩其勢

五嶼

五嶼在處有之而以近夾界者為正定海之東北穌
州洋內群山馬島皆有五嶼大抵篙工指海山上小
山為嶼所以數處五山相近皆謂之五嶼矣三日甲
申宿雨未霽東南風作午後過是嶼風濤噴激久之
嵓崒（缺三字）甚可愛

排島

是日已刻雲散雨止四顧澂霽遠望三山並列中一

山如堵舟人指以為排島亦曰排垜山以其如射垜之形耳

白山

是日午後東北望一山極大連亘如城日色射處其白如玉未後風作舟行甚快

黑山

黑山在白山之東南相望甚邇初望極高峻逼近見山勢重複前一小峯中空如洞兩間有澳可以藏舟海程亦是使舟頓宿之地館舍猶存今取道更不拋泊上有民居聚落國中大罪得貸死者多流竄于此

每中國人使舟至遇夜于山巔明火放熢燧諸山次第相應以迄王城自此山始也申後舟過

月嶼

月嶼二距黑山甚遠前曰大月嶼囬抱如月舊傳上有養源寺後曰小月嶼對峙如門可以通小舟行

闌山島

闌山島又曰天仙島其山高峻遠望壁立前二小焦如亀鱉之狀

白衣島

白衣島三山相連前有小焦附之偃檜積蘇蒼潤可

叐亦曰白甲苫

跪苫

跪苫在白衣島之東北其山特大于衆苫數山相連

碎焦環遶不可勝數夜潮衝激雪濤奔薄月落夜昏

而濺珠之明如火熾也

宣和奉使高麗圖經卷第三十五

宣和奉使高麗圖經卷第三十六

海道三

春草苫

春草苫又在跪苫之外舟人呼為外嶼其上皆松檜之屬望之鬱然夜分風静舟行益鈍

檳榔焦

檳榔焦以形似得名大抵海中之焦遠望多作此狀唯春草苫相近者舟人謂之檳榔焦夜深潮落舟隨水退幾復入洋舉舟恐懼亟鳴擼以助其勢黎明尚在春草苫四日乙酉天日晴霽風静浪平俯視水色

澄碧如鑑可以見底復有海魚數百其大數丈隨舟
往來夷猶皷鬣洋洋自適殊不顧有舟楫過也
菩薩苫
是日午後過菩薩苫麗人謂其上曾有顯異因以名
之申後風静隨潮寸進
竹島
是日酉後舟至竹島拋泊其山數重林木翠茂其上
亦有居民民亦有長山前有白石焦數百凸大小不
等宛如堆玉使者回程至此適值中秋月出夜静水
平明霞映帶斜光千丈山島林壑舟楫器物盡作金

色人人起舞弄影酌酒吹笛心目欣快不知前有海洋之隔也

苦苫苫

五日丙戌晴明過苦苫苫距竹島不遠其山相類亦有居民麗俗謂刺蝟毛為苦苫苫此山林木茂盛而不大正如蝟毛故以名之是日拋泊此苫麗人挐舟載水來獻以米謝之東風大作不能前進遂宿焉

群山島

六日丁亥乘早潮行辰刻至群山島拋泊其山十二峯相連環遶如城六舟來迓載戈甲鳴鐃鼓角為衛

別有小舟載緑袍吏端笏揖于舟中不通姓字而退
云群山島注事也繼有譯語官閤門通事舍人沈起
來叅同接伴金富軾知全州吴俊和遣使來投遠迎
狀使副以禮受之揖而不拜遣掌儀官相接而已繼
遣荅書舟既入島沿岸秉旗幟列植者百餘人同接
伴以書送使副及三節早食使副牒接伴送國王先
狀接伴遣采舫請使副上群山亭相見其亭瀕海後
倚兩峯相並特高壁立數百仞門外有公廨十餘間
近西小山上有五龍廟資福寺又西有崧山行宫左
右前後居民十數家于後使副乘松舫至岸三節導

從入館接伴郡守趨廷設香案拜舞望闕拜舞恭問
聖體畢分兩阼升堂使副居上以次對拜訖少前致
叙復再拜就位上中節堂上序立與接伴揖國俗皆
雅揖都轄前致辭再拜次揖郡守如前禮退就席其
位使副俱南向接伴郡守東西相向下節舟人聲喏
于庭上節分坐堂上中節分兩廊下節坐門之兩廂
舟人坐于門外供張極齊肅飲食且豐腆禮貌恭謹
地皆設席盖其俗如此亦近古也酒十行中節下節
第降殺之初坐接伴親斟以復使者復酬之酒半遣
人致勸三節皆易大觥禮畢上中節趨揖如初禮使

副登松舫婦所乘大舟

橫嶼

橫嶼在群山島之南一山特大亦謂之案苫前後有小焦數十繞之石脚一洞深可數丈高濶稱之潮至拍水聲如雷車

宣和奉使高麗圖經卷第三十六

宣和奉使高麗圖經卷第三十七

海道四

紫雲苫

七日戊子天日晴快早全州守臣致書備酒禮曲留使者使者以書固辭乃已唯受所饋蔬茹魚蛤等因以方物酬之午刻解舟宿横嶼八日己丑早發南望一山謂之紫雲苫横巘差疊其後二山尤遠宛如双眉凝翠焉

富用山

是日午後過富用倉山即舟人所謂芙蓉山也其山

在洪州境内上有倉廩積穀且多云以備邊鄙非常之用故以富用名之

洪州山

洪州山又在紫雲苫之東南數百里州建其下又東一山產金盤踞如虎謂之東源小山數十環拱如城其山上有一潭淵澄可鑑不可測是日申刻舟過

鷄子苫

鷄子苫亦名軋子苫麗人謂笠爲軋其山形似之曰以得名是日酉刻舟過

馬島

是日酉後風勢甚大舟行如飛自軋子苫一瞬之間即泊馬島蓋清州境也泉甘艸茂國中官馬無事則群牧于此因以為名其主峯渾厚左臂環抱前一石觜入海激水回波驚湍洶涌千奇萬怪不可名狀故舟過其下多不敢近慮觸暗焦也有客館曰安興亭知清州洪若伊遣介紹與譯語官陳懿同來如全州禮岸次迓卒旗幟與群山島不異入夜然大火炬熒煌照空時風政作惡舟中搖蕩幾不可坐使者持扶以小舟登岸相見如群山亭之禮唯不受酒禮夜分還使舟

九頭山

九日庚寅天氣清明南風甚勁辰發馬島已刻過九頭山其山云有九峯遠望不甚詳然而林木叢茂清潤可喜

宣和奉使高麗圖經卷第三十七

宣和奉使高麗圖經卷第三十八

海道五

唐人島

唐人島未詳其名山與九頭山相近是日午刻舟過島下

雙女焦

雙女焦其山甚大不異島嶼前一山雖有草木但不甚深密後一山頗小中斷為門下有暗焦不可通舟是日巳刻舟自唐人島繼過此焦風勢愈亟舟行益速

大青嶼

大青嶼以其遠望鬱然如凝黛故麗人作此名是日午刻舟過

和尚島

和尚島山勢重疊林壑深茂山中多虎狼昔嘗有學佛者居之獸不敢近今葉老寺乃其遺迹故麗人謂之和尚島是日未刻舟過其下

牛心嶼

牛心嶼在小洋中一峯特起狀類覆盂而中稍銳麗人謂之牛心它處皆見之形肖此山而差小者亦謂

之雞心嶼是日未正舟過此嶼南風小雨

聶公嶼

聶公嶼以姓得名遠視甚銳逼近如堵蓋其形匾縱橫所見各異是日未末舟過其下

宣和奉使高麗圖經卷第三十八

宣和奉使高麗圖經卷第三十九

海道六

小青嶼

小青嶼如大青嶼之形但其山差小而周圍多焦石申初舟過雨勢稍密

紫燕島

是日申正舟次紫燕島即廣州也倚山為館榜曰慶源亭亭之側為幕屋數十間居民草舍亦衆其山之東一嶼多飛燕故以名之接伴尹彥植知廣州陳淑遣介紹與譯官卓安持書來迎兵仗禮儀加厚申後

雨止使副與三節登岸到館其飲食相見如全州禮夜漏下二刻歸舟十日辛卯辰刻西北風八舟不動都轄吳德休提轄徐競同上節復以采舟詣館過濟物寺為元豐使人故左班殿直宋密飯僧畢歸舟已刻隨潮而進

急水門

是日未刻到急水門其門不類海島宛如巫峽江路山圍屈曲前後交鎖兩間即水道也水勢為山峽所束驚濤拍岸轉石穿崖喧豗如雷雖千鈞之弩追風之馬不足喻其湍急也至此已不可張篷惟以櫓棹

隨潮而進

蛤窟

申後抵蛤窟拋泊其山不甚高大民居亦衆山之脊有龍祠舟人往還必祀之海水至此比之急水門更黄白色矣

分水嶺

分水嶺即二山相對小海自此分流之地水色復渾如梅岑時十一日壬辰早雨作午刻潮落雨益甚國王遣劉文志持書先至使副以禮受之酉刻前進至龍骨　拋泊

禮成港

十二日癸巳早雨止隨潮至禮成港使副遷入神舟午刻使副率都轄提轄官奉詔書于采舟麗人以兵仗甲馬旂幟儀物共萬計列于崖次觀者如堵墻采舟及岸都轄提轄奉詔書入于采輿下節前導使副後從上中節以次隨之入于碧瀾亭奉安詔書訖分位少憩次日遵陸入于王城臣竊惟海道之難甚矣以一葉之舟泛重溟之險惟恃宗社之福當使波神効順以濟不然則豈人力所能至哉方其在洋也以風颿為適從若或暴横轉至他國生死瞬息又悪三

種險曰癡風曰黑風曰海動癡風之作連日怒號不
已四方莫辨黑風則飄怒不時天色晦冥不分晝夜
海動則徹底沸騰如烈火煑湯洋中遇此鮮有免者
且一浪泛舟輙數十餘里而以數丈之舟浮波濤間
不啻豪末之在馬體故涉海者不以舟之大小為急
而以操心履行為先若遇危險則發于至誠虔祈哀
懇無不感應者比者使事之行第二舟至黄水洋中
三柂併折而臣適在其中與同舟之人斷髮哀懇祥
光示現然福州演嶼神亦前期顯異故是日舟雖危
猶能易他柂既易復傾搖如故又五晝夜方達明州

定海比至登岸舉舟臞顇幾無人色其憂惧可料而知也若謂海道非難則還朝復命不應受重賞以為必死則自祖宗以來累遣使命未嘗有飄溺不還者恃國威靈凴仗忠義可以必其無虞耳今叙此以為後鑒比者使命之行去日以南

風歸日以北風初發明州以其年五月二十八日放洋得順風至六月六日即達群山島及回程以七月十三日甲子發順天館十五日丙寅復登大舟十六日

丁卯至蛤窟十七日戊辰至紫燕島二十二日癸酉
過小青嶼和尚島大青嶼双女焦唐人島九頭山是
日泊馬島二十三日甲戌發馬島過軋子苫望洪州
山二十四日乙亥過横嶼入群山門泊島下至八月
八日戊子凡十四日風阻不行申後東北風作乘潮
入洋過苦苫苫入夜不住九日己丑早過竹島辰巳
望見黑山忽東南風暴復遇海動舟側欲傾人大恐
惧即鳴鼓柁衆舟復還十日庚寅風勢益猛午刻復
還群山島至十六日丙申又六日癸申後風正即發
洋夜泊竹島又二日風阻不行至十九日己亥午後

發竹島夜過月嶼二十日庚子早過黑山次過白山次過五嶼來界山北風大作低篷以殺其勢二十一日辛丑過沙尾午間第二舟三副柂折夜漏下四刻正柂亦折而使舟與他舟皆遇險不一二十三日壬寅望見中華秀州山二十四日癸卯過東西胥山二十五日甲辰入浪港山過潭頭二十六日乙巳早過蘇州洋夜泊栗港二十七日丙午過蛟門望招寶山午刻到定海縣自離高麗到明州界凡海道四十二日云

宣和奉使高麗圖經卷第三十九

宣和奉使高麗圖経卷第四十

同文

臣聞正朔所以統天下之治也儒學所以美天下之化也樂律所以導天下之和也度量權衡所以示天下之公也四者雖殊然必叅合乎天子之節然後太平之應備焉聖人之興必建歲正定國是新一代之樂而同律度量衡蓋以至一而正群動其道當如此仰惟國家大一統以臨萬邦華夏蠻貊罔不率俾雖高句麗域居海島鯨波限之不在九服之内然稟受正朔遵奉儒學樂律同和度量同制雖虞舜之時日

東協佰禹之聲教南暨不足云也古人所謂書同文車同軌者乎于今見之且圖志之作所以紀異国之殊制若其制或同則丹青之作何事乎贅麗謹條其正朔儒學樂律度量之同乎中国者作同文記而省其繪畫云

正朔

唐劉仁軌為方州刺史乃請所頒曆及宗庙諱曰當削平遼海班示本朝正朔及戰勝以兵經畧高麗帥其酋長赴登封之會卒如初言史臣壯之然仁軌特服其力耳未必其本心也何以言之臣觀麗人之事

中國其請降尊號頒正朔勤〻懇〻不絕于口及為強虜所迫革面從之而乃心朝廷葵傾蟻慕終不解于胸次豈用兵之與用德固自有次第哉雖然近則易服遠則難懷若麗境之望帝封邈在大海之外當其來也泛巨航駕便風晝夜兼行十數日始達四明風或稍戾驚濤山涌釜竈傾蕩涓滴之水不留且不可爨舟人往〻絕粒甚則柁折檣摧傾覆之變生于瞬息亦已危矣然自建隆開寶間願効臣節不敢少懈以迄于今至與北虜則封境之相距纔一水耳虜人朝發馬夕已飲水于鴨綠矣嘗大敗衄始臣事之

用其年號終統和開泰凡二十一年至王詢大破北虜復通中國乃于真宗皇帝大中祥符七年遣使請班正朔朝廷從之後遂用大中祥符之號易去北虜開泰之名至天禧中北虜復破高麗殺戮其民幾盡王詢至棄国而逃于蛤窟虜留城中八月會西北山萬松皆作人聲始駭懼引去仍强班正朔于詢々以力屈不得已而用之自太平二年終十七年至重熙終二十二年清寧終十年咸雍終十年太康終十年大安終十年壽昌終六年乾統終十年天慶至八年凡一百年而耶律為大金所困高麗遂去北虜之號

又以來請命于朝不敢輙用正朔故但以歲次紀年
而將有請焉耳本朝之于高麗如彼之遠北虜之于
高麗如此其近然而附北虜者常以困于兵力伺其
稍弛則輙拒之至于尊事聖朝終始如一拳拳傾戴
雖或時有牽制不能如願而誠意所向堅如金石有
以見累聖綏之以仁懷之以德內有以得其心固異
乎北虜之强暴徒以（缺字）一制其外也書曰協時月正
日今北虜已滅佇是高麗之使以正朔為請而萬邦
之時月日可協而正矣

儒學

東夷性仁而其地有君子不死之国又箕子所封朝鮮之境習俗素稔八條之教其男子出于禮義婦人由于正信飲食以豆籩行路者相遜固異乎蛮貊雜類押頭胼趾辮缺三字幅父子同寢親族同擲之僻怪也自漢武帝列置四郡臣妾内属而中華政化所嘗漸被雖更缺三字視時汙隆乍離乍合然義理之根諸中者未嘗泯也唐正觀初大宗用魏鄭公之一言以仁義為治恢廣學校崇尚師儒當是時與議大臣猶有疑缺一字未知其為益者彼国乃遽遣其英秀子弟請教京師後長慶中白居易善作歌行雞林之人引

領嘆幕至以

風從勃然而化誾〻秩〻服膺儒學雖居燕韓之佐僻而有齊魯之氣韻矣比若使人到彼詢知臨川閣藏書至數萬卷又有清燕（缺一字）亦寔以經史子集四部之書立國子監而（缺二字）儒官甚備新創黌舍頗遵

大學月書季（缺二字）制次第諸生上而朝列宜吏閑威儀而足辭采下而閭閻陋巷聞經館書社三兩相望其民之子弟未昏者則群居而從師授經既稍長則擇友各以其類講習于寺觀下逮卒伍章稺亦從鄉先生學于庠盛哉且諸侯之就功實假天子之威靈諸侯之作德實備天子之風化麗人之于中國海隅侯伯之邦爾今也文物之富如此蓋自漸摩所致不亦偉乎譬猶日月三辰假元氣以成列而其照耀（缺一字）見乃所以為天之明草木百寶資元化（缺二字）華而其威燄雚靡乃所以為地之文也若（缺一字）其國取士

之制雖規範本朝而承聞循舊不能無小異其在學生每歲試于文宣王庙合格者視貢士其舉進士間歲一試于所屬合格偕貢者合三百五十餘人既貢又命學士摠試于迎恩館取三四十人分甲乙丙丁戊五等賜第略如本朝省幃之制至王親試官之乃用詩賦論三題而不策問時政此其可嗤也自外又有制科宏辭之目雖文具而不常置大抵以聲律為尚而於經學未甚工視其文章髣髴唐之餘弊云

樂律

大樂與天地同和而五聲之發原于五音八音之辨

生於八風清濁高下皆出于一氣而手舞足蹈有不期然而然者則簣桴土鼓皆足以寓其敬而吐其和故自葛天氏之時牛尾之歌已見于載籍後世聖人作樂崇德而以金石土革匏木絲竹之物制為鍾磬鞉鼓塤篪笙竽柷敔琴瑟管篴之器以作以止以詠以間以合天地之和而致神祇祖考之格至于夷狄戎蠻之音亦用合奏有韎師以掌其樂有旄人以陳其舞有鞮屨氏以合其歌歙凡以與衆樂樂而樂以天下初無間于夷夏則兼收傳采所以示吾德之廣運也詩云以雅以南以籥不僭說者謂雅為夏樂南

為夷舉二者合奏以成和而協天地之中聲然後為偹樂然四方異域飲食異和衣服異制器用異宜則樂亦不得而同故東方曰韎南方曰任西方曰侏離北方曰禁各有其義而不可以混淆若麗人則東夷之國樂其本于韎乎且三代之制商曰大濩周曰大武箕子以商之裔而受周封于朝鮮則革其韎樂之陋者當有濩武之遺音賡襲制作經今千載調聲應律唯有可采者熈寧中王徽嘗奏請樂工詔往其國數年乃還後人使來必齎貨奉工技為師每遣就館教之比入貢又請賜大晟雅樂及請賜燕樂詔皆從

之故樂舞益盛可以觀聽今其樂有二部左曰唐樂中國之音右曰鄉樂蓋夷音也其中國之音樂器皆中國之制惟其鄉樂有鼓版笙竽觱篥箜篌五絃琴琵琶箏笛而形制差異瑟柱膠而不移又有簫管長二尺餘謂之胡琴俯身先吹之以起衆聲若女使則謂之下樂凡三等大樂可二百六十人王所常用次管絃坊一百七十人次京市司三百餘人亦有柘枝抛毬之藝其百戲數百人聞皆敏捷特甚然以時王俁喪制未終工人執其器而不作聲律之度不可得而考也

權量

戴記曰制禮樂頒度量而天下大服魯語曰謹權量審法度四方之政行焉蓋王者之統御諸侯雖本乎德化刑威而所以一其政者尤以權量為先三代盛時必自王府出嘉量等器頒于邦國掌之以其官平之以其時至于巡狩又協而同之使無內外遠近之殊制然後為天子之政舉苟四方諸侯于此三者一有小易則黜削誅慶在法無赦孰謂其器用之末而可忽耶夫五度之制別于分忖于寸蒦于尺張于丈信于伸于以度〻物之長短五量之制躍于龠合于合

登于升聚于斗角于斛于以量度物之多寡五權之制始于銖兩于兩明于斤均于鈞終于石于以權度物之重輕然皆必以銅範之者乃取其同而不異所以同天下而齊風俗耳惜乎周道東轍政失其柄晋之協律者作長尺考鍾而失樂之中殺齊之相國者以大斗絡民而市已之私恩唐之考曆者失王衡璇璣之制則無以參天道三辰之行是其于耳目之近猶不能審其同于法度之中又況遠在海外之國隔鯨波而涉蜃島欲與其一而同之豈不猶推舟于陸耶高麗爲國去中華三千餘里自帝王極治亦在覊

縻之域未聞有頒度量權衡而協其同者我宋龍興德符高厚而際天所覆極地所載罔不臣妾以故麗人稽首面内願爲藩屏取正中國度量權衡用爲標標的斯所謂仁恩横流能懷帝者之未懷武誼遐鶩能制王者之不制也乃者使人銜命遠彼燕饗獲其賂遺之禮舟人遠市售其貿易之貨默識其長短之式多寡之數軽重之等陰以較中國之法無或少若毫髮之差者益賞其誠至也夫謹于耳目之所及者或慢于耳目之所不及畏于刑威之所制者或侮于刑威之所不制今高麗道途迢遞國都跨遠既非耳

目所可及而主上含洪光大待夷狄以寬典又非規
規然尚刑威以制之彼乃能遵用度量權衡若此其
謹蓋其心悅誠服非勉强而爲然書不云乎閔石和
鈞王府則有夫以閔石和鈞惟王府之有則其在私
不敢改作而惟法度之同亦宜矣

宣和奉使高麗圖經卷第四十

宋故尚書刑部員外郎徐公行狀

曾祖奭皇任秘書省校書郎贈金紫光禄大
夫
曾祖母葉氏贈建安郡太夫人
祖師回皇任朝議大夫贈光禄大夫
祖母林氏贈咸寧郡太夫人
父閎中皇任朝大夫直秘閣贈少保
母葛氏贈衛國夫人

公名兢字明叔姓徐氏上世建州甌寧縣人自光禄
始徙居和州之歷陽秘閣為鄂州法曹夜夢與黃冠

師遊大澤中探懷出小削以授秘閣而去讀之蓋丁令威華表所留語也後五日大水冒城郭官府悉遷避秘閣寓居黃鶴樓上是夜實生公公生數月見字畫輒色喜踴躍至十餘歲穎異不群作舉子業詞原浩然識者韙之年十八入太學較藝數占高等試大比較挫政和甲午歲以父任補將仕郎授通州司刑曹事尚書郎徐禋被旨措置東南九路坑冶宝貨辟公爲幹辦公事靜江有黃麟者引大礼國入貢朝廷疑之詔禋覈實麟交通中貴人權傾五嶺靜江帥周穜憂惧失指禋以屬公公曰是固易辨耳呼其部曲

來前以立國歲月山川風俗雜詰之皆喑不能對詐
狀遂白雍丘闕宰以朝命攝事邑有兄弟交訟者久
繫不決公至餙守者設一席俾偕坐卧食必共器閲
旬日乃感悟相持以泣曰今君教我至矣願自新安
敢計曲直其後更以友愛稱里閭化之獄訟衰止京
西部使者以侫倖進遣逃卒二百輩築室邑中肆為
暴盜一邑大擾公捕治之使者托上冢得旨抵邑縱
其徒鼓譟入獄盡解所縛以出公曰位無高卑導三
尺法奉天子均也否則吾欺君矣欺君媚人吾不忍
為于是容掩其室復得囚党聞所屬寘之法無一人

得逸者治譽著聞移攝鄭州原武縣事單車造官時提舉炭事者挾其弟貴務要功肆虐逮委沿流造舟威震郡邑械繫滿道撤公治後至者與慢令者公嘆曰令不賢不能庇民其忍至此極刑乃疏其害聞諸朝願以身贖無辜害因訖息舊令貪虐病民公摩拊備至邑人詣闕冀公即真爭具車馬迎公家屬秘閣不欲懇白相國乃已燕國鄭公謂同列曰使縣令皆如徐競天下其有不治者乎調濟州司士曹事未書考丁內艱服除監元豐庫宣和六年高麗入貢請于上願得能書者至國中繼遣給事中路允迪報聘即

以公為國信所提轄人船禮物官同譔高麗圖經四十卷詔給札上之其所自叙曰漢張騫使月氐十有三年而從歸僅能言其所歷之國地形物產而已臣在高麗月餘館有兵衛出才五六至于馳驅車馬之間獻酬樽俎之上耳目所及非若十三歲之久而其建國立政之体風俗事物之宜繪畫紀次殆無遺者非敢矜博洽飾浮剽以塵上聽盖攄其實庶幾報罷使之萬一徽宗皇帝覽其書大悅召對便殿賜同進士出身擢知大宗正丞事兼掌書學遷尚書刑部員外郎時相冊免坐親嫌謫監池州永豐監丁外艱服

除授浙江制置司參謀官丐奉祠主管南京鴻慶宫
自是三領台州崇道觀公資明鋭遇事立悟撥煩濟
劇出于譚笑机張鍵閉人莫得而窺測孝悌自天性
自虜犯淮甸從家信之弋陽自以先隴隔絶不勝悲
思而先禄嘗佐饒秘閣又嘗漕江東有祠在德興縣
音雲佛寺公歲時造祠下烝嘗不少怠母兄今敷文
閣直學士林至忤時宰南遷甫陽公不遠千里走省
之久之不忍去曰傷在手足何暇顧妻孥哉公倜儻
好施視貨財如糞土周人之難急于謀身河南少尹
許滂偕公渡彭蠡滂舟覆公拯之全其家二百指且

厚致饋滂後遺謝公一無所取故人宋浦以事下大理當償錢四十六萬行丐于市公楮中有茶券適及其數指以與之浦獲免凡疏戚遠近孤獨困窮公脱之于憂患助之以婚姻塟斂者盖不可以一二計也公鄙章句學而漁獵古今採晰提要下至釋老孫吳廬扁之書山經地誌方言小説靡不貫通在貴人前抵掌論事常傾一座文詞儁敏立就下筆衮衮不能自休尤長于歌詩過西楚伯王廟留二十八字中書舍人韓駒見之曰後人殆不可措筆矣畫入神品山水人物二俱冠絶嘗戲為平遠題長句其側以遺駒

駒每出以示人曰明叔詩為畫邪畫為詩邪雖濡毫嗽墨成于須臾而張絹素或經歲不顧世人所藏多出他手或公所指授云公處事無大小皆妙有思致他人窮智慮莫能及洞曉音律且善嘯間命倚笛和之聲嘹然猶出其上塵飛幕動殆若鸞鳳羣集飲酒至二斗不亂與客對必引滿先釂酒半譚辯風生或游戲翰墨吹簫拊瑟超然疑其為神仙中人也天下士聞公名率願納交微賤小夫及門遇之亦必盡禮有所求無細大必應人之有善喜若己有故所至人翕然親愛之雖蠻貊行焉治圃數十畝名洗硯池幽

勝閑江南自號自信居士奉祠者二十年安于閑退
若無足動其心者唯眷戀墳墓不置紹興辛未歲還
歷陽焚黄告歸及吳門被病卒嗚呼以公抱負如此
而自壯歲去国拓落無所施雖公慶之裕然而有志
之士盖為時嗟惜者或至于涕洟也公生以元祐六
年五月八日終以紹興二十三年五月二十一日享
年六十有三累官至朝散大夫賜三品服娶陳氏封
宜人後公五年卒子男三人曰集早卒曰葳右承直
郎江南西路轉運司幹辦公事繼從兄朝奉郎喆之
後々公十三年卒曰右廸功郎監淮西江東摠領

所戶部大軍庫女二人長適右奉議郎知臨江軍新
淦縣事師文次適右宣教郎知福州懷安縣事李棨
孫男六人曰元老右脩
老曰籍將仕郎其一未名孫女八人長適左廸功郎
鄂州州學教授劉璧次適進士朱縉卿次適將仕郎
俞缺一字餘未行諸孤奉公之柩以是年十二月初一
日乙酉塟于弋陽玉亭鄉龜峯之吉原公家舊多騎
省遺物世父贈光祿大夫時中宝一硯旁著昂臣二
字嘗謂群兒曰有能紹素業者當以是與之時公始
結髮能如憤激刻意篆籀世父舉以授公而公之生

有十歲來歸之兆故人謂公為騎省後身初少保命
公題咸寧墓碑不能成禱于佛取般若心經習書之
至實字偶見風幡飛動因悟体勢自此擅天下重名
徽宗尤所愛賞嘗名至禁中書進德修業四字褒尤
許至業字公特出奇变行筆之叙留中蚤最後落偕
勁端直如圓石墜千仞上駭異稱善左右皆失殼其
運筆精熟周旋曲折雖夜屏鐙燭無毫厘差真行道
麗超逸褚薛顏柳衆体兼備晚好作草尤逼懷素天
下言書者以公為宗小學家
之論曰自李斯变小篆而秦漢間無能繼者碑碣所

傳非特筆法無取而偏旁亦復外誤由魏晉迄唐得斯法而又考按三代鑄鐘鼎彝之器訓釋款識悉有依據至于大篆筆力奇古其沉著處不異鐫刻若非毫楮所能成且復陶鎔醞釀變入小篆離析偏旁胸合制字本意縱書語溪峿臺二銘頗得秦法其視陽冰霄壤矣而名不大顯事固有幸不幸哉騎省兄弟祖述李斯小學奧雅克配叔重而公又繼之其原深矣斯之遺迹火于嶧山自唐已不存歐陽文忠公集天下金石刻甚備而泰山之詔僅有數十字大觀間河間劉跂登山顛周視刻石始得其全然距靖康之

亂才十餘歲墨本之在人間者固無幾學者謬謂法
斯果嘗多見也哉公獲是刻寶蓄而諦玩之既盡